Peter Knorr • Doro Göbel

Maiers große Rätselreise

Peter Knorr wurde in München geboren, **Doro Göbel** in Bad Kreuznach.
Sie sind miteinander verheiratet und leben als freischaffende Zeichner mit ihren
beiden Töchtern in Nierstein am Rhein.
Beide illustrieren vor allem Kinderbücher und gestalten Bucheinbände.
Doro Göbel entwirft außerdem Spiele und Basteltipps für das Fernsehen,
Peter Knorr hat sich besonders als Bilderbuchillustrator einen Namen gemacht.
›Maiers große Rätselreise‹ ist ihr erstes gemeinsames Buch.

Für Paula und Lotte

Peter Knorr • Doro Göbel

Maiers große Rätselreise

Eine Europatour zum Mitraten

Deutscher Taschenbuch Verlag

Originalausgabe

In neuer Rechtschreibung

2. Auflage Oktober 2004

© 2004 Deutscher Taschenbuch Verlag GmbH & Co. KG, München

www.dtvjunior.de

Umschlagkonzept: Balk & Brumshagen

Umschlagbild: Peter Knorr, Nierstein

Gestaltung und Typografie: Iga Bielejec, Nierstein

Lektorat: Maria Rutenfranz

Gesetzt aus der Myriad 14,5 / 24pt

Druck und Bindung: Kösel, Krugzell

Printed in Germany • ISBN 3-423-70916-2

Überraschung!

Der Postbote reißt die Maiers aus ihrer sonntäglichen Ruhe. Ein Telegramm!
Papa liest vor:

> hallo maiers – stopp – sie haben gewonnen – stopp – hauptgewinn –
> stopp – familienreise mit pfiffikus – stopp – abreise morgen 8 uhr
> theresienwiese – stopp – firma pfiffikus reisen gratuliert – stopp

Wie ist das möglich? Gewonnen? Eine Reise! Ja, wer hat denn überhaupt
beim Preisausschreiben mitgemacht? Natürlich Peter und Paul, die Zwillinge. Sie brüllen sofort den Werbespruch, der ihnen den Hauptgewinn
einbrachte: »Ob Zug, ob Flieger oder Bus – am besten stets mit Pfiffikus!«
Papa ist ganz aus dem Häuschen. Mama wird blass. Sie reist nicht gern.
Schon gar nicht, wenn sie nicht weiß, wohin!

Bei dem Trubel schaut sogar Franzi von ihren Cornflakes auf. Aber ihr
Entschluss steht fest: Um keinen Preis zieht sie mit ihren kleinen Monster-
brüdern durch die Welt! Da bleibt sie lieber allein zu Hause in München.
Schließlich ist sie schon fast zwölf.

Aber das erlauben Mama und Papa nicht. Wenn überhaupt, dann fahren
alle zusammen. Basta! Die ganze Familie! Einschließlich Mini natürlich,
der Familienhündin.

Franzi beschließt das Beste aus der Sache zu machen: Sie wird ein
Reisetagebuch schreiben. Um für die Nachwelt zu erhalten,
was Franziska Maier, genannt Franzi, auszuhalten imstande war.
Und der Familie stehen wirklich große Abenteuer bevor.
Wollt ihr wissen, welche? Da hilft nur eins: Umblättern und
mitraten! Franzis Tagebuch wartet schon …

Abflug!

Also ehrlich! Was soll das für eine Reise werden? Wir stehen jetzt schon eine Ewigkeit auf der Theresienwiese und warten, dass Pfiffikus uns abholt. Mini kläfft wie verrückt. Sie macht so einen Lärm, dass wir beinahe das seltsame Knurren in der Luft überhören. Kurze Zeit später landet auf der Wiese ein Doppeldecker. Knallrot und uralt. Ein Kerl mit einer Schirmmütze auf dem Kopf steigt heraus.

»Maier?«, fragt er.

Wir nicken.

»Kowalski«, grinst er und fügt hinzu: »Pfiffikus?«

Wir nicken wieder.

Kowalski zeigt auf seine Maschine. Wir sollen einsteigen! Mama will gerade streiken, aber die Zwillinge sind längst an Bord. Was bleibt uns anderes übrig? Wir klettern hinterher! Unser Pilot murmelt etwas, von dem ich nur Kraków verstehe. Kraków? Mein Gott, wir fliegen nach Krakau!

Auf dem Rynek von Krakau

Mein lieber Kokoschinski! Mama wurde schneeweiß vor Schreck, als sie gesehen hat, wo Kowalski landen will: mitten auf dem Rynek, dem Markt-platz von Krakau!

Doch in dem Gewühl fallen wir kaum auf. Heute ist Gänsemarkt und zwischen den Käfigen haben sich Gaukler breit gemacht. Ratlos stehen wir herum. Kowalski grinst schon wieder. Dann zieht er aus seiner Fliegerjacke eine dicke Kartoffel hervor. »Grube Kartofle – nowy transport«, sagt er, tippt an seine Mütze und schwingt sich in seinen Doppeldecker.

Nowy transport – neuer Transport?! Darum sollen sich Papa und Mama kümmern, ich muss jetzt erst mal hinter den Zwillingen her, die sind nämlich schon längst im Gewühl verschwunden und stellen bestimmt irgendeinen Blödsinn an!

Chaos in Krakau? Schaut nach auf Seite 8 / 9!

Mit der dicken Kartoffel nach Berlin!

»Grube Kartofle« – selten so gelacht! Das ist der Krakauer Kleingärtnerverein »Dicke Kartoffel«. Habt ihr deren Stand auf dem Markt entdeckt? Papa ist nach unserer Ankunft gleich hin mit Kowalskis Kartoffel. Und prompt quatscht ihn einer dieser Gartenzwerge an: »Maier?«

»Maier!«, hat Papa tapfer geantwortet.

Daraufhin hat der Kerl auf seinen Traktor gewiesen.

»Nein!«, hat Mama gestöhnt.

»Doch!«, haben die Zwillinge gejubelt.

»Errrrst morrgen!«, hat der Kleingärtner geknurrt. »Grüne Woche, Berlin.«

Ich glaub, ich spinne, aber jetzt sind wir tatsächlich mit einem Bauern und seiner Frau unterwegs nach Berlin: in einem völlig überfüllten Traktoranhänger!

Die beiden führen gerade eine höchst merkwürdige Unterhaltung mit Papa: Die Bäuerin zieht einen Ballon aus der Tasche, bläst ihn auf, der Bauer deutet darauf und sagt: »Das sein nowy transport in Berliner Tiergarten!«

Mama rollt die Augen, ich glaube, sie fällt gleich in Ohnmacht.

Was erwartet die Maiers in Berlin? Schaut nach auf Seite 10 / 11!

Krakau Peter und Paul haben auf dem Marktplatz von Krakau tatsächlich etwas entdeckt: 13 Gänse sind aus ihren Käfigen entwischt! Aber ausnahmsweise sind nicht die Zwillinge schuld an dem Chaos, sondern jemand ganz anders. Wer? Und wo stecken die Gänse, die die Marktfrauen möglichst schnell wieder einsammeln sollten?

Berlin Im Berliner Tiergarten wimmelt es von Leuten! Was die alles mitgeschleppt haben! Mitten zwischen den Decken, Handtüchern und Sonnenschirmen wartet bereits der Ballon, mit dem die Reise der Maiers weitergehen soll. Er ist startklar! Zum Glück sind wenigstens Mama und Papa Maier schon zur Stelle. Aber wo stecken die Kinder? Und wie kommen sie durch das Deckenlabyrinth zu dem Ballon? Achtung: Nur auf den Rasen treten! Bitte Mini nicht vergessen!

Fiets te huur in Amsterdam

Fragt nicht, wie schwer es war, Mama in den Ballon zu kriegen.

»Ohne mich!«, erklärte sie, fest entschlossen, in Berlin zu überwintern.

Am Ende half nur ein Trick: Auf ein Zeichen von Papa machten die Zwillinge im Korb des Ballons ein entsetzliches Geschrei und schwups – schon war Mama zur Stelle, um die beiden Kampfhähne zu trennen. Leinen los! Aber wohin?

»Keene Ahnung!«, berlinerte der Ballonfahrer. »Immer de Neese nach!«

Immer der Nase nach? Der Wind hat uns nach Holland geweht und wir sind mitten in Amsterdam gelandet! Zum Abschied gibt uns der Ballonfahrer einen Werbeprospekt: »Fiets te huur« steht drauf.

»Das wird ja 'ne echte Rätselreise«, stöhnt Papa.

Mir doch egal! Ich muss jetzt erst mal klären, was mit Mini los ist. Die jault und zieht an ihrer Leine wie verrückt!

Was ist los mit Mini? Schaut nach auf Seite 14 / 15!

Naar Parijs!

»Fiets te huur« – so heißt hier der Fahrradverleih. Als wir den Laden endlich gefunden hatten, stand der Chef schon vor der Tür und streckte uns seine Pranke entgegen. Der Mann war echt riesig!

»Goedendag Maiers!«, brummte er freundlich.

Was dann kam, klang allerdings weniger erfreulich:

»Met Piet en de fietsen naar Parijs – mit Piet auf Rädern nach Paris!«, erklärte Piet.

Papa strahlte vor Vergnügen. Radeln war ganz nach seinem Geschmack.

»Was?«, brachte Mama heraus, »das sind doch bestimmt 500 Kilometer.
Da hört der Spaß aber auf!«

Alles Murren half nichts. Piet schob uns mit Nachdruck zu den Rädern.

»Kom, kom!«, rief er und wir folgten ihm wie die Küken der Glucke.

Ob wir je bis Paris kommen?

Tour de France

Wir haben es geschafft! Jetzt stehen wir auf einer Pariser Brücke mitten im
Getümmel eines Hindernisrennens mit Fahrrädern, das sich großspurig
»Tour de France Mini« nennt. Echt was für Kleinkinder – da machen die
Zwillinge natürlich sofort mit.

Piet hat nur gegrinst. »De volgende toer met de visjes!«, hat er noch gesagt,
als er uns zum Abschied fast die Hände zerquetschte.

Visjes? Allmählich kapiere ich, wie das Reisen à la Pfiffikus funktioniert.
Unser nächstes Reisegefährt muss was mit Fischen zu tun haben! Das ist ja
einfach, da schaue ich gleich mal in die Seine.

Was findet Franzi? Schaut nach auf Seite 16/17!

Alarm im Louvre

Fehlanzeige! Die Pfiffikus-Fische schwammen nicht in der Seine,
sie waren motorisiert. Kapiert? Die Leute vom Fischimbisswagen, der auf
der Brücke stand, nehmen uns mit nach Hamburg. Aber erst morgen!

»Da bleibt ja noch Zeit für den Louvre!«, schwärmt Mama.

Ich ahne Schreckliches!

Was ist los im Louvre? Schaut nach auf Seite 18/19!

Amsterdam Auf ihrer Suche nach dem »fiets te huur« durchqueren Maiers halb Amsterdam. Aber hoppla, da rollen ja lauter Käsekugeln herum! Wer ist schuld daran, dass die Käseträger gestürzt sind? 26 Käsekugeln sind weggerollt! Wer findet sie? Und was ist bloß in Mini gefahren, dass sie plötzlich jaulend davonrennt?

Paris Nicht nur die Zwillinge sind begeistert von der »Tour de France Mini«, sondern auch die Kinder vom Pariser Kindergarten »Les coccinelles« – die Marienkäferchen. Aber einige der lieben Kleinen sind aus den Kinderkarren abgehauen. Jetzt ist Hilfe gefragt! Wo haben sich die acht Ausreißer versteckt? Erkennungszeichen: rote Marienkäferkappen!

Paris, Louvre

Kaum betreten die Maiers den Louvre, da schrillt die Alarmanlage. Ein Dieb hat ein Bild geklaut. Wo hing es?

Wie kann der Dieb aus dem Saal entkommen, ohne den Wächtern in die Arme zu laufen?

Hamburger Ölsardinen

Von wegen »Frischfisch«! Der Werbespruch der Fischfritzen ist eine glatte Lüge – nach der Fahrt im Imbisswagen von Paris hierher nach Hamburg stinken wir alle wie die Ölsardinen. Und als der Wagen endlich hielt, trauten wir unseren Augen nicht. Wisst ihr, wo wir sind? Auf dem Fischmarkt!

Als wäre es nicht mal ohne Fisch gegangen. Aber das Dickste kommt noch: Zum Abschied haben die beiden Fischköppe die Hände gefaltet und »Helene!« gegrinst. Die haben wohl zu lang ihr Frittierfett geatmet! Egal, jetzt brauch ich erst mal was zu essen, aber bitte keinen Fisch! Da hinten wirft einer Bananen in die Menge – nichts wie hin! Aua, da hat mich was am Kopf getroffen. Keine Banane, sondern? Das darf doch nicht wahr sein!

Was fällt in Hamburg vom Himmel? Schaut nach auf Seite 22 / 23!

Auf zu den Lofoten

»Moin, moin, ihr Landratten!« So hieß es in den letzten Tagen jeden Morgen. Wir waren nämlich mit den beiden Fischern Hein und Helle auf ihrem Kutter »Fromme Helene« unterwegs. Unser Ziel: die Lofoten, wenn einer weiß, wo das liegt. Ich sag nur: Nördlicher geht es kaum noch. Die spinnen, die von Pfiffikus!

Aber eins muss man ihnen lassen: Sie haben überall ihre Leute, sogar hier auf diesem gottverlassenen Eiland. Kaum hatten wir festen Boden unter den Füßen, hieß es: »Oh my goodness, den Maiers!«

Vor uns stand ein irrer Typ mit roter Pudelmütze: Duck Long, ein englischer Vogelforscher. »I'll take you home«, versprach er. Nach Hause?! Mama strahlte. Aber sie hat sich zu früh gefreut. Duck will uns nach London bringen, wo er zu Hause ist. Vorher sollen wir allerdings mit ihm noch jemanden auf der Insel suchen. O-Ton Duck: »You know die Dronte? Well, die ist ausgestorben schon lange, weil die konnte not fliegen und die hat so lecker geschmeckt. Sogar die letzte ausgestopfte Exemplar in die Museum of Oxford haben die Motten gefressen. Nur hier auf die Insel soll noch leben Verwandte.«

Wen sollen die Maiers suchen? Schaut nach auf Seite 24/25!

Londoner Nebel

Bei dichtem Nebel gingen wir in London von Bord. Duck winkte uns von seinem Forschungskutter zum Abschied zu und rief: »Well, nice Wetter heute, nicht wahr? Aber before ich forget: Here is die address, wo ihr trefft Pfiffikus Flieger. Do you know McDonalds?«

»Hurra!«, brüllten die Zwillinge. Sie hofften wohl auf Berge von Pommes! Doch hinter der Adresse verbarg sich das Hotel von Mr und Mrs McDonald. Ein uralter Kasten mit noch älteren Gästen. Beim Abendessen trafen wir Lord und Lady Porridge – uralter englischer Landadel. Die hatten nur auf uns gewartet!

»Oh, how nice, you are family Pfiffikus, aren't you?«

»No, no, Maier!«, verbesserte Papa. »Pfiffikus is our travel agency.«

Zu dem langweiligen Palaver, das folgte, gab es zerkochten Fisch mit Gräten, Erbsen in gelbem Glibber und trockenen Reis. Ich machte mich mit Mini aus dem Staub. Wir gingen Gassi. Dabei stolperte doch glatt ein Kerl im Trenchcoat über Mini! Armes Tier! Als wir zurückkamen, war es wie im Film: Die Polizei hatte das ganze Hotel umstellt! Wow!

Was ist im Hotel passiert? Schaut nach auf Seite 26/27!

Hamburg Fliegende Fische auf dem Fischmarkt! Schuld ist eine Kiste mit extra dicken Heringen, die den Hafenarbeitern beim Ausladen vom Kran gekracht ist. Natürlich lassen sich die frechen Möwen die Extraportion Fisch nicht entgehen und schlagen sofort zu. Doch die Fische sind zu schwer: Weit können die Vögel sie nicht schleppen. Überall fallen Heringe vom Himmel! 30 Fische waren in der Kiste. Wer findet sie alle?

23

Lofoten Die Maiers suchen nach Chamäleondronten. Die überaus seltenen Vögel sehen aus wie auf dem Bild, das der Vogelforscher Duck ihnen zeigt. Leider sind die Tiere nur schwer auszumachen, weil sich die Farben und Muster ihrer Federn völlig ihrer Umgebung anpassen. Auf der kleinen Insel leben acht Chamäleondronten. Wer findet sie?

25

London Ein Dieb hat Lady Porridge ihren Schmuck geklaut! Die Zwillinge haben gesehen, wie eine dunkle Gestalt mit schwarzem Rucksack aus dem Dachfenster des Hotels floh. Die Polizei ist ratlos: Sie hat zwar einen Verdächtigen festgenommen, kann ihm aber nichts nachweisen, weil er keine Beute bei sich hat. Irgendwo auf seinem Fluchtweg muss er den schwarzen Rucksack mit dem Schmuck versteckt haben! Wo?

Der geflügelte Rasentraktor

Klar, dass der Diebstahl auch am nächsten Morgen beim Frühstück noch Gesprächsthema Nummer eins war: »O dear, my jewelry«, jammerte Lady Porridge. Mein Englisch ist ja nicht gerade das beste, aber so viel habe ich verstanden: Die Polizei hat den Dieb, den die Zwillinge gesehen haben, wirklich erwischt und auch seinen Rucksack gefunden. Aber darin war nur noch ein leeres Schmuckkästchen. Kein Mensch weiß, wo die Juwelen der Lady geblieben sind. Die alte Dame erzählte gerade was von einem Komplizen des Diebs, als der Lord mit Fliegerkappe und Brille den Früh-stücksraum betrat und uns bat ihm zu folgen.

Er führte uns zur Themse. Am Fluss lag ein rostiges Ungetüm, das entfernt an ein Wasserflugzeug erinnerte und ansonsten Ähnlichkeit mit einem geflügelten Rasentraktor hatte.

Der Lord erklärte stolz: »This is meine first aeroplane, you know?«

Nein, das wussten wir noch nicht: Der Lord ist Flugzeugkonstrukteur und wir sollen mit diesem Flieger nach Budapest fliegen, wo er einen alten Freund und Kunden treffen will. Ich muss wohl nicht extra schreiben, was Mama zum aeroplane Marke Eigenbau sagt?

Budapest catastrofale

Als wir abends in Budapest ankamen, beschäftigte uns nur noch eine Frage: Wo gibt's hier was zu essen? Zum Glück hatte der Lord vorgesorgt und lotste uns quer durch die Stadt in das berühmte Café New York zum Abend-essen. An dem einzigen noch freien Tisch erwartete uns schon ein dicker Mann. Er begrüßte uns mit einem deutsch-italienischen Wortschwall:

»Ah, Contessa Porridge und il Conte, willkommen! Und ihr seid die famiglia
Maier, meine nuovi amici! Sono Carlo! Ecco, la mia Katze Topolina –
Mäuschen! Ah, Pfiffikus ist fantastico!«
Er redete und redete und mir schwirrte bald der Kopf.
Endlich brachten die Kellner das Essen.
Doch schon schimpfte Carlo los: »Catastrofale!«

Was haben die Kellner falsch gemacht? Schaut nach auf Seite 30/31!

Bella Roma

Wisst ihr, wie wir hierher nach Rom gekommen sind? Carlo besitzt
ein Sky-car, die neueste Erfindung von Lord Porridge.
Das ist ein supermodernes fliegendes Auto. Alle Achtung, Lord!
Carlo hat Mama so zugequatscht, dass sie gar nicht gemerkt hat, dass sie
in einen Flieger einstieg. Erst als wir von der Straße abhoben, ist sie in
Ohnmacht gefallen. Arme Mama!
Inzwischen sind wir auf dem Forum Romanum gelandet. Alle warten schon
auf uns. Der dicke Carlo ist nämlich Modeschöpfer oder wie er es sagt:
»Ich Carlo Emporio di Campo! Meine Marke di moda CEC kennt in Italia
jedes bambino.«
Carlo will zwischen den römischen Ruinen Modeaufnahmen seiner neuesten
Kollektion machen und hat uns sofort einen Typ mit Kaffeewärmer auf dem
Kopf vorgestellt: Frank Soundso, sein Fotograf. Natürlich ist auch er ein
amico di Pfiffikus. Jetzt wissen wir wenigstens, mit wem wir weiterreisen
werden. Aber im Moment haben wir hier erst mal ganz andere Probleme.

Was ist am Set passiert? Schaut nach auf Seite 32/33!

Budapest Große Aufregung im Café New York: Keiner am Tisch der Maiers hat bekommen, was er bestellt hat! Schuld an dem Chaos ist einer der Kellner. Er ist in Pantoffeln zur Arbeit gekommen und nun steht seine Oma mit seinen Schuhen am Eingang und ruft nach ihm. Völlig verwirrt hat er die Essen vertauscht.
Auf welchen Tischen ist das Essen der Maiers gelandet?
Bitte schnell suchen, sonst wird alles kalt!

Rom Topolina, die Katze des berühmten Modeschöpfers Carlo Emporio di Campo, ist verschwunden. Der Maestro tobt! Zu allem Unglück wimmelt es auf dem Forum Romanum nur so von Katzen, die seiner geliebten Topolina zum Verwechseln ähnlich sehen! Aber nur eine hat dieses Streifenmuster! Wo steckt sie?

Prager Tiger

Super! Der »famoso« Frank hat uns in seinem Klapperbus nach Prag gebracht. Er muss dort die berühmte Zirkusparade des Cirkus Svět über die noch berühmtere Prager Karlsbrücke fotografieren.

Doch als wir beim Zirkus ankamen, schienen Zelt und Zirkuswagen völlig ausgestorben.

»Huhu, ist da wer?«, rief Papa.

Stille.

»Wir schauen mal nach!«, brüllten die Zwillinge und schon waren sie zwischen den Wohnwagen verschwunden.

Wir wollten uns auch gerade auf die Suche machen, als Mini plötzlich laut zu knurren anfing: Da kamen auch schon die Zwillinge um die Ecke gesaust, hinter ihnen ein riesiger Tiger, gefolgt von einem schnaufenden dicken Mann im roten Frack.

»Stopp, tygře!«, brüllte er und griff dem Ungetüm ins Nackenfell.

Dann entdeckte er uns. »Die Maierovi?«, fragte er.

Mama nickte schreckensbleich. »Von Pfiffikus«, flüsterte sie.

»Ah, wunderbar!«, lächelte der Rote. »Ich Direktor Svoboda! Herzlich willkommen bei Cirkus Svět! Sie missen entschuldigen, dass wir vergessen das Käfig zu schließen. Alle Tiere hier sehr brav! Und Maierovi sehrrr mutig.« Er schaute uns an. »Ah, ich habe wunderbares Idee für Sie!«

Was hat der Zirkusdirektor vor? Schaut nach auf Seite 36 / 37!

Doppelte Lottchen in Wien

Wir sind natürlich im Zirkuswagen weitergereist. Bis Wien. Zum Abschied schenkte uns Svoboda ein Fläschchen Sonnenmilch, an dem ein Zettel hing:

   Im Prater wird es weitergehn.

   Beim Zauberer um 12 Uhr 10.

Mama stöhnte, aber Papa sagte: »Los, das schaffen wir!«

Jetzt stehen wir hier also auf dem berühmten Rummelplatz und es ist sogar noch vor zwölf. Papa sucht gerade nach dem Zauberer. Aber Hilfe, was ist das? Da rast ein Kerl mit seinem Roller quer durch die Menge – hintendrauf ein Karussellpferd. Fast hätte er zwei Männer umgefahren.

Moment mal! Sehe ich jetzt schon doppelt?

Doppelte Lottchen in Wien? Schaut nach auf Seite 38/39!

Reif für die Insel

Was ist denn jetzt los? Ich glaub, ich träume! Liege ich wirklich im heißen Sand am Meer? Wo ist denn der Prater geblieben? So langsam dämmert mir, was passiert ist. Ich hab die Stimme des Wiener Zauberers noch im Ohr:

»So d'Herrschaften! Wanns jetzt bittschön amol in d'Kugel schaun woin!«

Er zeigte auf einen Plastikglobus an der Decke, schwang seinen Zauberstab und rief: »Hokus Pokus Pfiffikus!«

Der Globus begann sich zu drehen. Und dann? Dann weiß ich nichts mehr, außer dass wir plötzlich hier waren!

»Mallorca!«, seufzt Mama neben mir glücklich. »Sonne, Meer – wunderbar!«

Natürlich stört Paul den Frieden: »Mama! Mama!«, heult er.

Warum ist Paul so unglücklich? Schaut nach auf Seite 40/41!

Prag Direktor Svoboda lädt die Maiers zur großen Zirkusparade auf der Karlsbrücke ein. Dafür hat sich jedes Familienmitglied ein Lieblingstier ausgesucht. Welches? Das Publikum jubelt, aber die 15 Zirkusäffchen spielen den Zuschauern einen Streich nach dem anderen! Wo stecken die frechen Kerle?

Wien Auf dem Wiener Prater findet das Treffen des Österreichischen Zwillingsvereins »Doppeltes Lottchen« statt. Zur Feier des Tages haben sich alle Zwillingspärchen völlig gleich angezogen. Zehn Paare sind schon eingetroffen, aber nicht alle stehen paarweise zusammen. Wer findet sie? Tipp: Peter und Paul gehören natürlich nicht zum Verein.

Mallorca Am Strand sind Gummigeckos als Schwimmtiere der Hit. Auch Peter und Paul haben welche. Besser gesagt: Sie hatten welche! Denn Pauls Gecko ist verschwunden! Was ist passiert? Wer findet Pauls Schwimmtier? Es sieht genauso aus wie das von Peter!

PLAYA DE LOS NIÑOS

Irgendwo auf dem Meer

Allmählich werde ich echt sauer auf diese Pfiffikus-Fritzen! Mir ist es inzwischen ja schon fast egal, wie wir von einem Ort zum nächsten kommen, aber ich will endlich mal irgendwo ein bisschen länger bleiben! Hier am Strand zum Beispiel. Wieso muss uns sofort wieder irgend so ein doofer Capitán abholen und auf sein Schiff jagen? Und wisst ihr, was er uns erzählt hat? Er will uns nach Venedig bringen, wo uns bereits ein Murmeltier erwartet. Der Typ war doch zu lang in der Sonne, oder?

Venezia criminale

Endlich in Venedig! Das ist nicht gerade der richtige Ort für ein Murmeltier, das wäre eher was für einen Biber. Aber ob ihr es glaubt oder nicht, wir treffen das Murmeltier tatsächlich im dichtesten Gedränge am Canal Grande. Es ist das Maskottchen der Schweizer Schokoladenfabrik Murmeli. Deren Belegschaft macht gerade einen Betriebsausflug nach Venedig. Klar, dass wir mit denen weiterreisen sollen! Aber Mama streikt, sie will noch nicht weg. In Venedig laufen nämlich gerade die berühmten Filmfestspiele und sie hat auf einem Plakat gelesen, dass auch ihr heiß geliebter Filmstar Johnny Pepp in der Stadt ist.

»Den muss ich sehen!«, haucht sie und starrt in Richtung Rialtobrücke.

Ich schau mich mit den Zwillingen lieber mal in der Umgebung um.

Aber halt! Den Typ da mit dem Trenchcoat und den weißen Turnschuhen, den hab ich doch schon mal gesehen. Und die Sachen in dem Laden, die kommen mir auch ziemlich bekannt vor! Das ist ja die Sensation! Polizei!

Wem sind die Kinder auf der Spur? Schaut nach auf Seite 44/45!

Schoki aus Zermatt

Alles paletti! Der Dieb ist gefasst. Zur Belohnung gab es sogar eine Gondel-fahrt durch Venedig. Klasse! Inzwischen sind wir mit den Schokomännern in der Schweiz angekommen. Wir dürfen sogar ihre Fabrik anschauen! Dabei haben wir auch die Vreni und den Bauer Hans kennen gelernt. Mit den beiden sollen wir gleich nachher nach München weiterreisen. Aber zuerst kriegt Vreni noch einen Siegerkranz, sie wird nämlich zur Milchkuh des Jahres gekürt!

Die Zwillinge sind stinksauer. Keine zehn Pferde bringen sie hier weg, schon gar keine Kuh! Sie wollen hier in der Fabrik als Schoko-Inspektoren arbeiten, dann hätten sie endlich mal Schokolade satt! Und sie leisten bereits ganze Arbeit! Ob das gut geht? Ein Blick in die Werkshalle lässt Schlimmes fürchten!

Was ist los in der Schokoladenfabrik? Schaut nach auf Seite 46 / 47!

Wieder zu Hause

Wir fuhren im Viehwaggon zusammen mit Hans und Vreni nach München zurück. Und weil die Vreni bei der großen Landwirtschaftsausstellung auf dem Oktoberfest gezeigt werden soll, sind wir jetzt wieder da, wo unsere Reise begonnen hat: auf der Theresienwiese. Aber was für ein Gewühl herrscht nun auf dem Festplatz! Hans bahnt uns mit Vreni einen Weg durch die Menschenmenge bis zum Biergarten vom Brez'n Bräu. »Überraschig!«, sagt Hans und uns bleibt der Mund offen stehen vor Staunen. Dort sitzen ja lauter alte Bekannte!

Wen treffen die Maiers in München? Schaut nach auf Seite 48 / 49!

Venedig Applaus für die Stars! Eigentlich sollte die Begrüßungskapelle auf der Rialtobrücke viel kräftiger klingen. Aber nur zwei Musiker haben rechtzeitig den Weg durch die Menschenmenge gefunden, acht sind noch unterwegs. Wo? Filmstar Johnny Pepp ist gleich zwei Mal zu finden: auf einem Plakat und in echt. Wo? Und der Typ im Trenchcoat? Keine Frage: Das ist ein Dieb! Woher stammen die Sachen, die er in den Laden gebracht hat?

Zermatt So ein Chaos in der Schokoladenfabrik! In der Produktion läuft einiges schief, weil fünf Leute ihren Arbeitsplatz verlassen haben. Wo stecken sie und was ist passiert? Und was ist mit der Maschine los, die plötzlich gestreifte Schokotiere herstellt? Selbst der Mechaniker ist nicht bei der Sache, überall lässt er sein Werkzeug liegen. Franzi hat schon eines gefunden. Aber zehn weitere werden noch vermisst. Wo stecken sie?

München Eine verrückte Tafelrunde auf dem Oktoberfest! Wer erkennt die Gäste und weiß, wo die Maiers ihnen unterwegs begegnet sind? Aber halt, es fehlt noch jemand! Wer? Ihr könnt ihn in der Menge entdecken! Kommt euch die japanische Reisegruppe auch so bekannt vor? Wie oft sind ihnen die Maiers unterwegs begegnet? Achtet auf die Reiseleiterin mit dem rotem Schirm!

Echt Pfiffikus!

Die Überraschung war echt geglückt!

Lord Porridge begrüßte uns: »Well, wie hat euch gefallen die Reise?«

Mama wollte gerade den Mund aufmachen, als Papa ihr zuvorkam:

»Prächtig! Alles super organisiert«, schwärmte er. »Aber wieso sind Sie denn

plötzlich alle hier?«

»Det is janz eenfach«, unterbrach ihn der Berliner Ballonfahrer, »wir sind

sozusajen alle zusammen die Firma Pfiffikus!«

»Nix Firrma!«, knurrte Kowalski.

»Amici! Freunden!«, flötete Carlo dazwischen.

»Wie? Was?« Papa verstand gar nichts mehr und er war nicht der Einzige.

»Well, let me erklärn das mal«, riss Duck Long das Wort an sich und begann:

Genau vor einem Jahr hatten sie sich hier im Biergarten vom Brez'n Bräu

zufällig kennen gelernt: der Zauberer, Kowalski, Duck Long, Hein und Helle

von der Frommen Helene, der Berliner Ballonfahrer, Carlo, Lord und Lady

Porridge und all die anderen. Sie kamen aus verschiedenen Ländern,

aber hatten eines gemeinsam: Sie unternahmen alle viele Reisen, bei denen

sie gerne Freunde mitnahmen – nach London, Rom oder sonst wohin. Als sie

genug Bier getrunken hatten, war ihnen ein verrückter Gedanke gekommen:

Wenn sie alle zusammenhielten, könnten sie doch gemeinsam jemanden auf

eine große Rundreise kreuz und quer durch Europa schicken!

Das war's! Die Idee zu Pfiffikus Reisen war geboren. Jetzt brauchte man nur

noch ein Opfer. Schnell passiert, die Freunde gaben eine Anzeige

in der Zeitung auf, die wie ein Preisausschreiben aussah –

und schon waren die Zwillinge drauf reingefallen!

»Super!« – »Dös wor a Gaudi!« – »Ottima idea!« – »Great!«

»Stimmt, das war eine wunderbare Reise«, meldete sich Mama plötzlich.

Wir schauten sie erstaunt an.

Sie grinste und sagte: »Aber bei Pfiffikus würde ich trotzdem nie mehr buchen – es sei denn, man verspricht mir, dass ich dann wirklich Johnny Pepp treffe!«

Alle lachten. Und dann ging es am Tisch erst richtig rund: Jeder wollte wissen, was wir alles erlebt hatten. Unsere Reisegefährten hatten ja immer nur einen kleinen Ausschnitt unserer Reise miterlebt. Da kam mein Rucksack gerade recht: Ich packte meine Reisemitbringsel aus und erzählte von unterwegs. Nur mein Tagebuch, das behalte ich lieber für mich. Müssen ja nicht alle wissen, was da über Pfiffikus drinsteht.

Schaut mal, was Franzi alles von der Reise mitgebracht hat. Wo hat sie das nur alles her?

Lösungen

Habt ihr alles erraten? Hier findet ihr alle Stationen der Rätselreise noch einmal. In den Bildern sind die Maiers, ihre Reisegefährten und die gesuchten Gegenstände hervorgehoben. Die roten Sternchen in den Bildern gehören zum Rucksackrätsel von Seite 51.

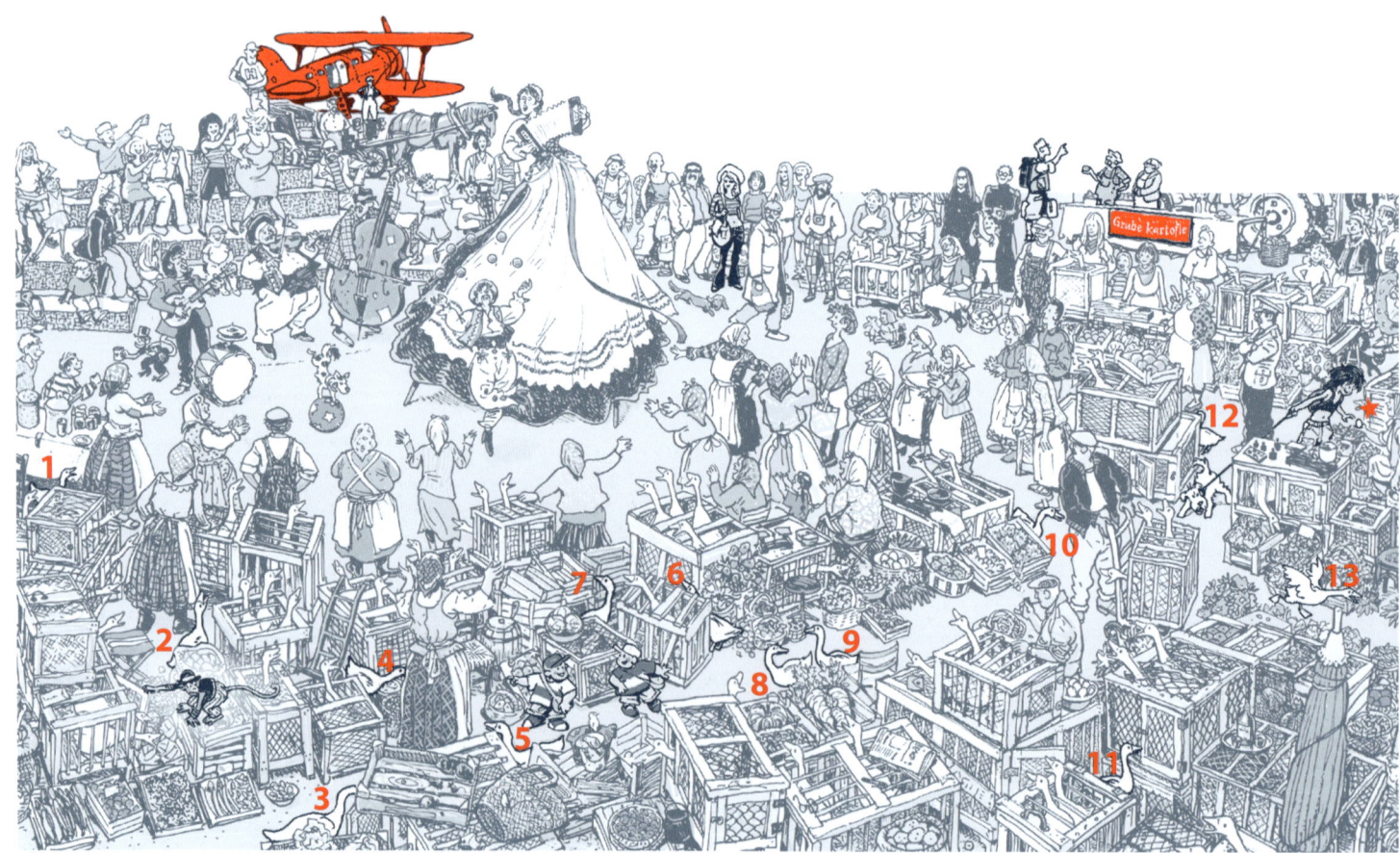

Krakau (Seite 8/9) Schuld an dem Chaos auf dem Gänsemarkt ist das Äffchen der Gaukler. Es hat die Käfige geöffnet! Die Marktfrauen werden lange suchen müssen, bis alle 13 Gänse wieder eingefangen sind.

Berlin (Seite 10/11) Die rote Markierung zeigt den Weg zum Ballon.

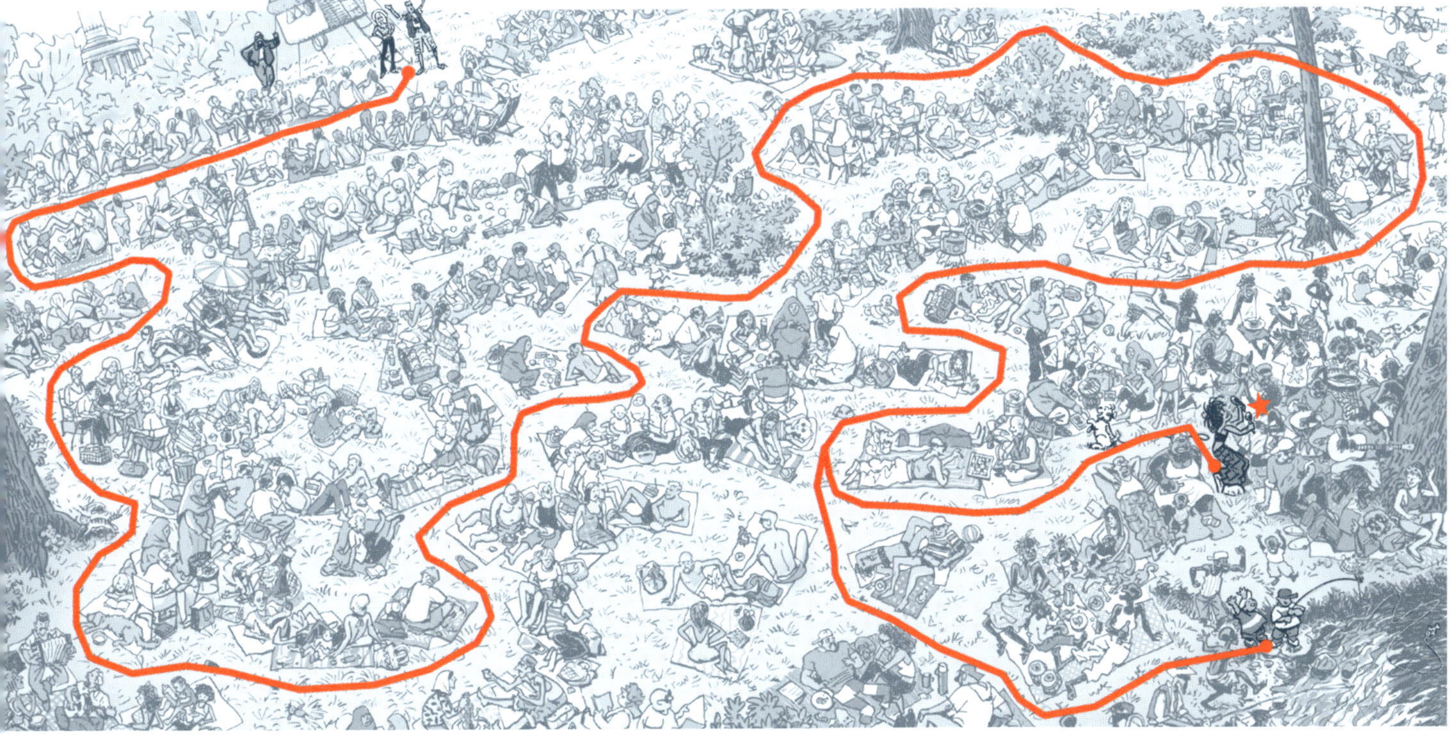

Amsterdam (Seite 14/15) Der Käseträger ist auf Pauls Bananenschale ausgerutscht. Und Mini? Die wurde beim Blumenladen von einer Fleisch fressenden Pflanze gebissen!

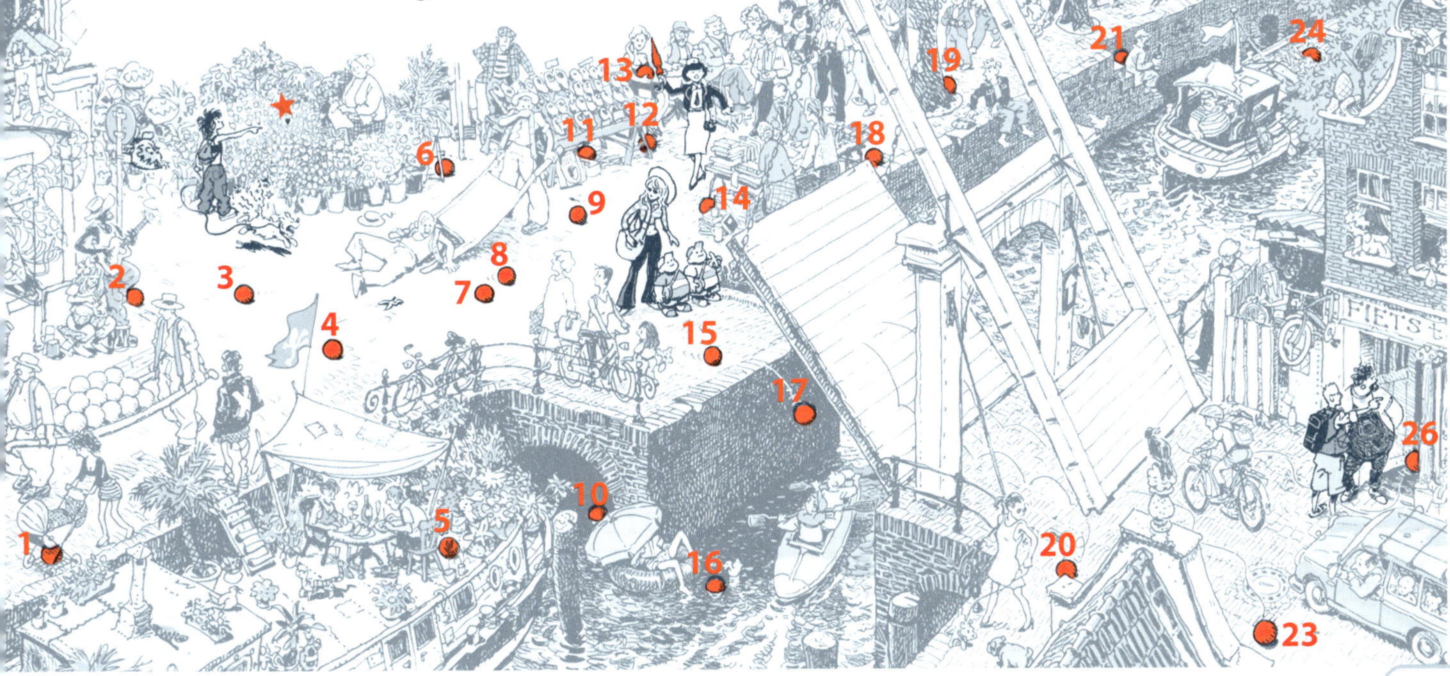

Paris (Seite 16/17) Tour de France Mini

Paris, Louvre (Seite 18/19) Der Dieb hat ein Bild gegen ein Foto des Schiefen Turms von Pisa ausgetauscht. Sein Komplize hält ihm draußen am Fenster, als Fensterputzer getarnt, die Leiter zur Flucht  bereit.

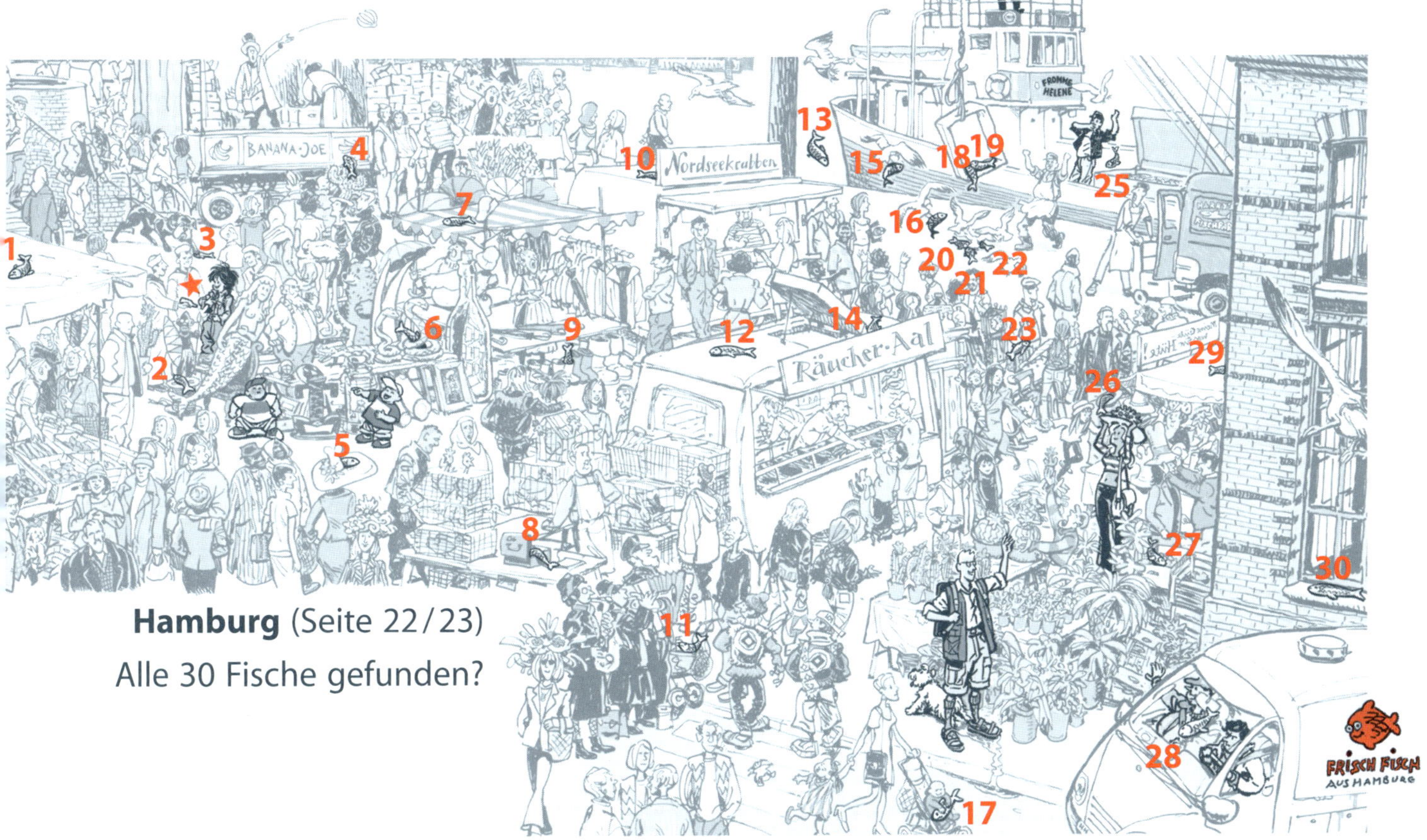

Hamburg (Seite 22/23)

Alle 30 Fische gefunden?

Lofoten (Seite 24/25) So gut sieht man die Chamäleondronten selten.

London (Seite 26/27)

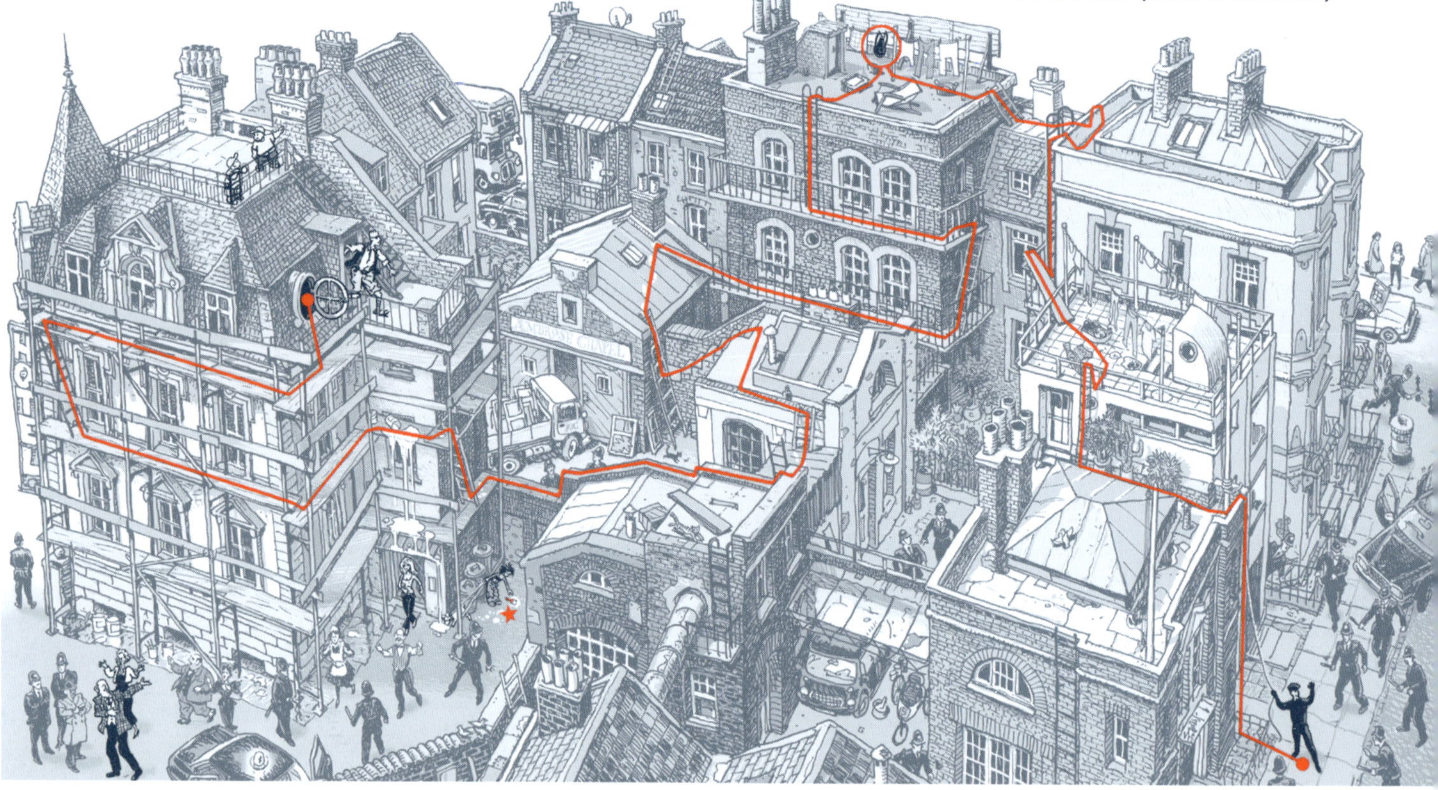

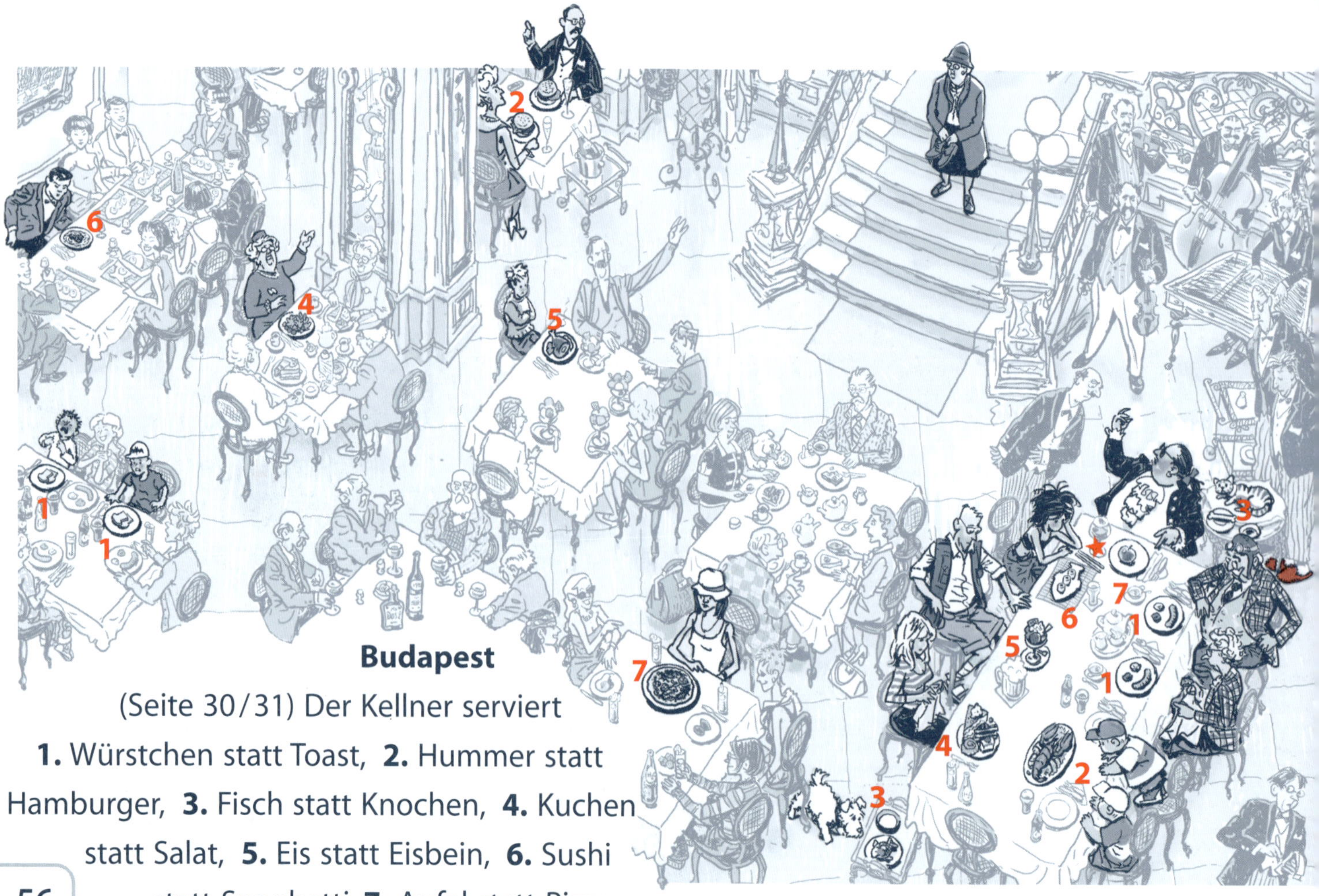

Budapest

(Seite 30/31) Der Kellner serviert **1.** Würstchen statt Toast, **2.** Hummer statt Hamburger, **3.** Fisch statt Knochen, **4.** Kuchen statt Salat, **5.** Eis statt Eisbein, **6.** Sushi statt Spaghetti, **7.** Apfel statt Pizza

Rom (Seite 32/33)

War Topolina schwer zu finden?

Prag (Seite 36/37) Die Lieblingstiere der Maiers sind unübersehbar, die 15 Äffchen schwer zu finden!

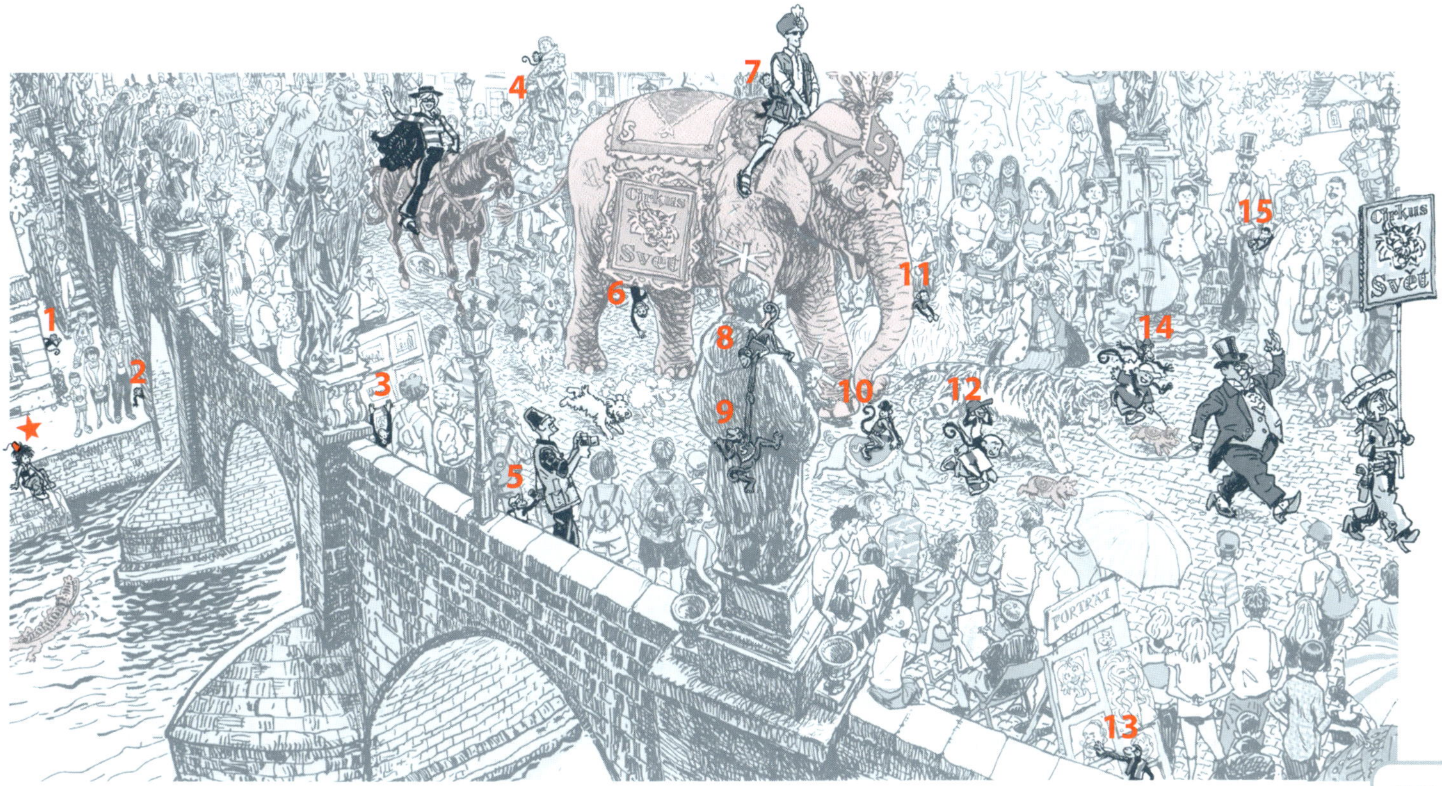

Wien (Seite 38/39)

Mallorca (Seite 40/41) Schweinerei! Da hat sich ein Junge einfach Pauls Gecko genommen, weil sein eigenes Schwimmtier kaputtgegangen ist. Das liegt übrigens in der Mülltonne.

Venedig (Seite 44/45)

Ist Venedig die Stadt der Diebe?
Sie haben hier sogar einen
eigenen Laden!

Im Schaufenster sind zu sehen: der rote Eiffelturm aus dem Louvre  (Seite 19),

die Juwelen aus London  (Seite 27), die der Dieb dort von seinem Komplizen

in Empfang genommen hat, das Kleid von CEC aus Rom   (Seite 33)

und das Karussellpferd aus Wien  (Seite 38).

Und die acht Musiker? Die müssten langsam auf der Brücke angekommen sein!
Gar nicht so einfach, Johnny Pepp zu entdecken! Neben dem Laden der Diebe hängt ein
Plakat, das für Johnnys neue CD wirbt, und er selbst schleckt im Café vorne links ein Eis.

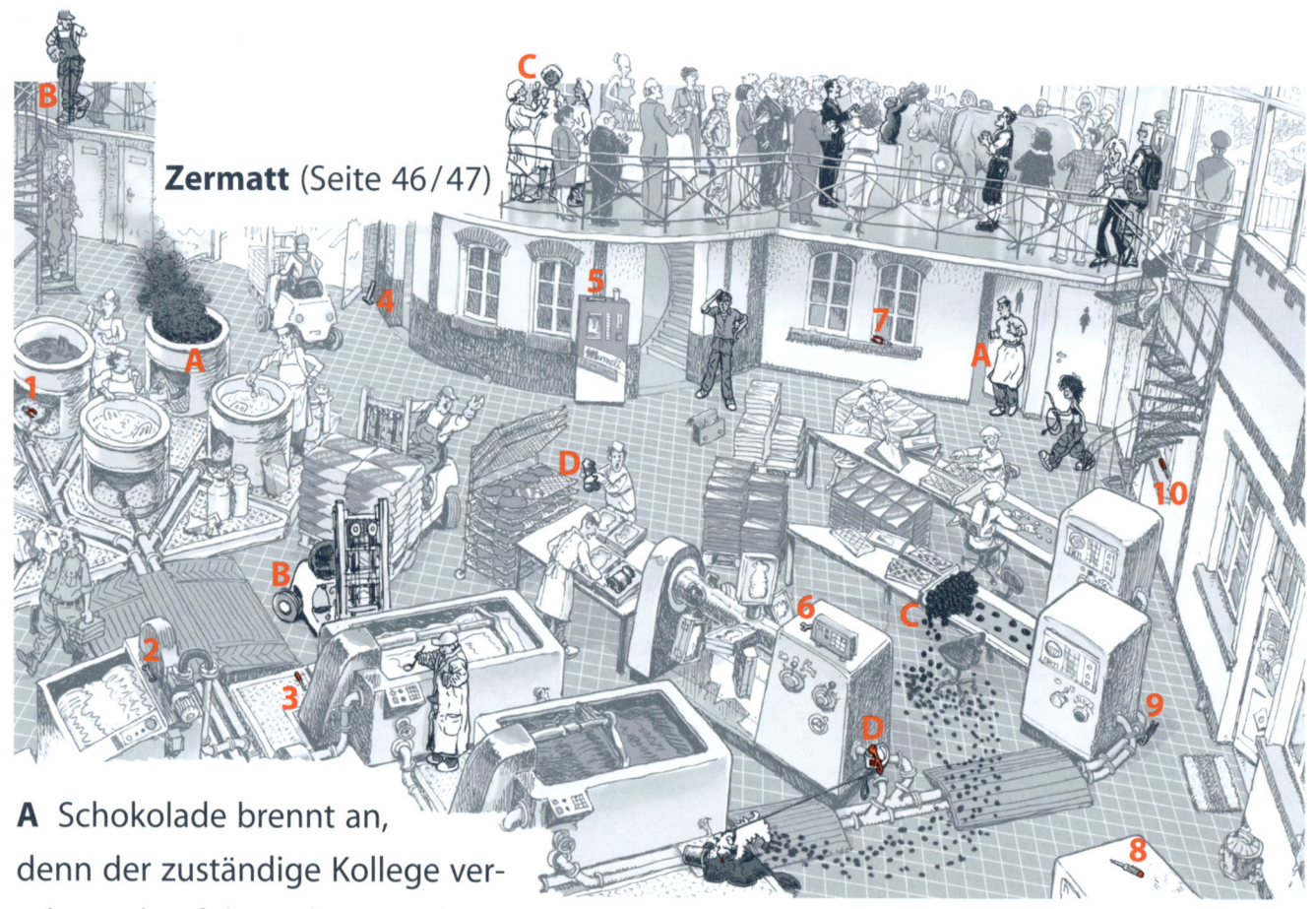

Zermatt (Seite 46 / 47)

A Schokolade brennt an, denn der zuständige Kollege verschwand auf dem Klo. **B** Gabelstapler versperrt die Durchfahrt, der Fahrer ist noch auf der Besucherempore. **C** Pralinenstau am Fließband, die drei zuständigen Kolleginnen gönnen sich auf der Empore einen Sekt. **D** Die Zwillinge haben Mini an einen Mischregler angebunden. Wenn sie beim Naschen hin- und herläuft, wechselt sie den Zulauf von brauner und weißer Schokolade.

Und die Werkzeuge? Nach denen wird der Mechaniker lange suchen müssen!

München (Seite 48 / 49)

Am Tisch sitzen: **1. Carlo Emporio di Campo** (Seite 31 und 32), **2. Bauersleute aus Krakau** (Seite 9), **3. Lady und Lord Porridge** (Seite 26 und 31), **4. Flieger Kowalski** (Seite 8), **5. Berliner Ballonfahrer** (Seite 10), **6. Hein und Helle** (Seite 23 und 24), **7. El Capitán** (Seite 41), **8. Piet aus Amsterdam** (Seite 15 und 17), **9. Hans und Vreni** (Seite 47), **10. Hamburger Fischfritzen** (Seite 17 und 23), **11. Frank, der Fotograf** (Seite 33 und 36), **12. Duck Long** (Seite 24), **13. Direktor Svoboda mit Tochter** (Seite 37), **14. Chef der Schokoladenfabrik** (Seite 45 und 47). **15. Der Zauberer aus Wien** (Seite 38) ist noch in der Menschenmenge unterwegs.

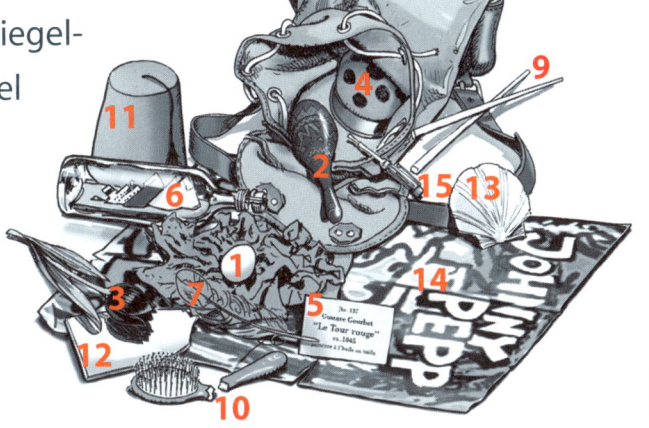

München (Seite 48/49)

Die Maiers sind der japanischen Reisegruppe fünf Mal begegnet: in Amsterdam (Seite 14/15); im Louvre (Seite 19); in Rom (Seite 33); in Wien (Seite 39) und in Venedig (Seite 44).

Aus dem Rucksack (Seite 50/51) Franzi hat von jedem Reiseziel ein Andenken mitgebracht. Sie sind auf den Rätselbildern zu sehen und im Lösungsteil mit einem roten Stern gekennzeichnet.   **1.** Gänse-Ei aus Krakau (Seite 9), **2.** Rassel aus Berlin (Seite 11),   **3.** schwarze Tulpe aus Amsterdam (Seite 14), **4.** Marienkäferkappe aus Paris (Seite 17),   **5.** Beschriftung des Eiffelturmbildes aus dem Louvre (Seite 19),   **6.** Buddelschiff aus Hamburg (Seite 22), **7.** Feder einer Chamäleondronte von den Lofoten (Seite 25),   **8.** Malerpinsel aus London (Seite 26),   **9.** Essstäbchen aus Budapest (Seite 31),   **10.** Haarbürste aus Rom (Seite 32), **11.** roter Fez aus Prag (Seite 36),   **12.** Spiegelscherbe aus Wien (Seite 38),   **13.** Muschel aus Mallorca (Seite 40),   **14.** Plakat aus Venedig (Seite 45),   **15.** Schraubenzieher aus Zermatt (Seite 47).

Maiers Reiseroute

München *Überraschung!* Seite **5**

Abflug! Seite **6**

Krakau *Auf dem Rynek von Krakau* Seite **6**, Bild Seite **8/9**

Berlin *Mit der dicken Kartoffel nach Berlin!* Seite **7**, Bild Seite **10/11**

Amsterdam *Fiets te huur in Amsterdam* Seite **12**, Bild Seite **14/15**

Naar Parijs! Seite **12**

Paris *Tour de France* Seite **13**, Bild Seite **16/17**

Paris, Louvre *Alarm im Louvre* Seite **13**, Bild Seite **18/19**

Hamburg *Hamburger Ölsardinen* Seite **20**, Bild Seite **22/23**

Lofoten *Auf zu den Lofoten* Seite **20**, Bild Seite **24/25**

London *Londoner Nebel* Seite **21**, Bild Seite **26/27**

Der geflügelte Rasentraktor Seite **28**

Budapest *Budapest catastrofale* Seite **28**, Bild Seite **30/31**

Rom *Bella Roma* Seite **29**, Bild Seite **32/33**

Prag *Prager Tiger* Seite **34**, Bild Seite **36/37**

Wien *Doppelte Lottchen in Wien* Seite **35**, Bild Seite **38/39**

Mallorca *Reif für die Insel* Seite **35**, Bild Seite **40/41**

Irgendwo auf dem Meer Seite **42**

Venedig *Venezia criminale* Seite **42**, Bild Seite **44/45**

Zermatt *Schoki aus Zermatt* Seite **43**, Bild Seite **46/47**

München *Wieder zu Hause* Seite **43**, Bild Seite **48/49**

Echt Pfiffikus! Seite **50**

Lösungen ab Seite **52**

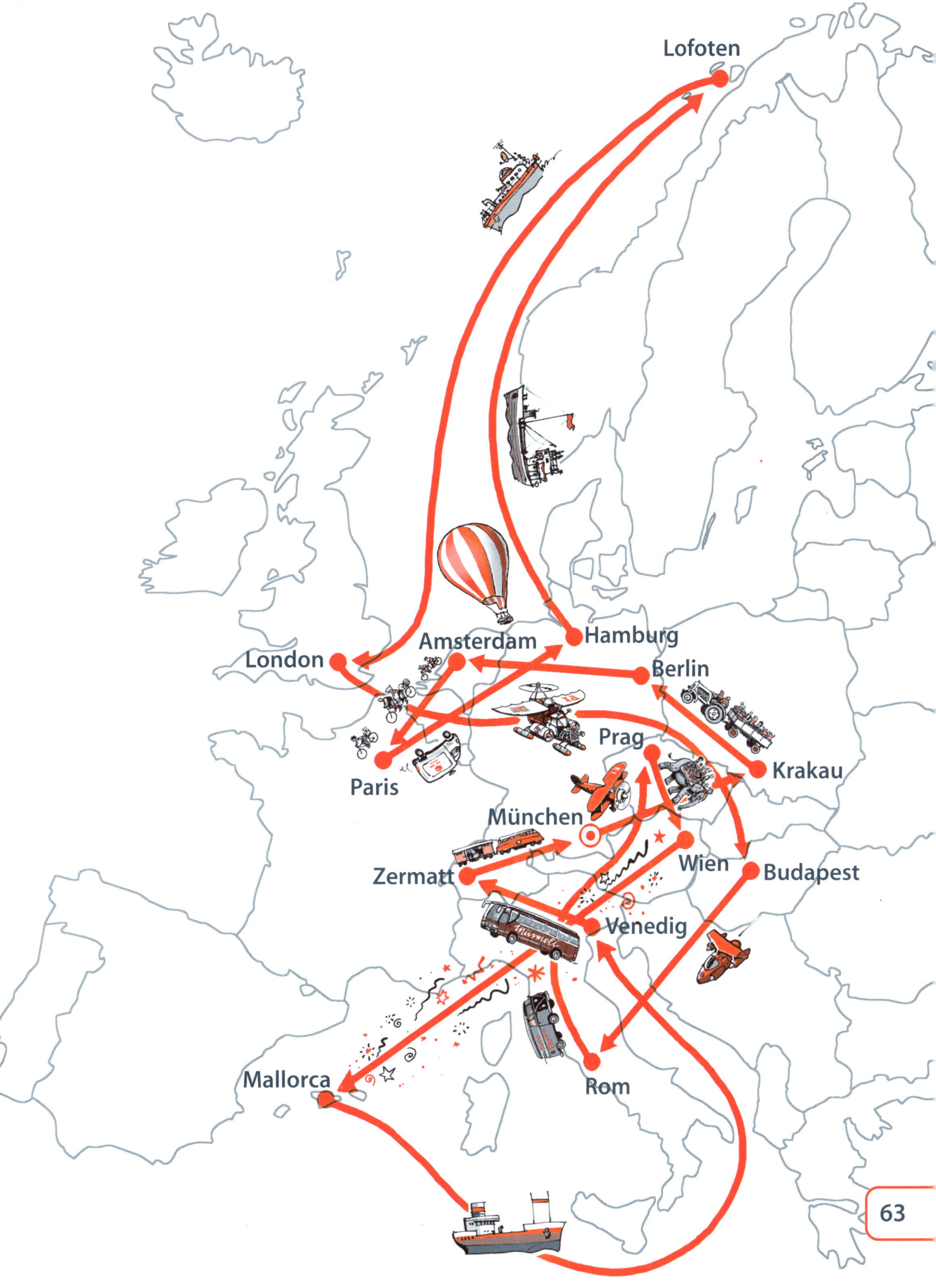